HÁ SEMPRE SOLUÇÃO

Superando problemas através
do controle emocional

Ricardo Magalhães

HÁ SEMPRE SOLUÇÃO

Superando problemas através do controle emocional

novo século

Copyright © 2006 by Ricardo Magalhães

Direção Geral *Nilda Campos Vasconcelos*
Supervisão Editorial *Silvia Segóvia*
Editoração Eletrônica *Sergio Gzeschnik*
Capa *Christian Pinkovai*
Revisão *Regina Elisabete Barbosa*

Dados Internacionais de Catalogação na Publicação (CIP)
(Câmara Brasileira do Livro, SP, Brasil)

Magalhães, Ricardo
  Ha sempre solução / Ricardo Magalhães. —
Osasco, SP : Novo Século Editora, 2006.

  1. Auto-ajuda - Técnicas 2. Auto-consciência
3. Auto-realização 4. Autoconhecimento - Teoria
5. Comportamento - Modificação 6. Solução de
problemas I. Título

06-2947   CDD-158.1

Índices para catálogo sistemático:

1. Auto-ajuda : Psicologia aplicada 158.1
2. Projeto de vida : Auto-ajuda : Psicologia aplicada 158.1

2006
Proibida a reprodução total ou parcial.
Os infratores serão processados na forma da lei.
Direitos exclusivos para a língua portuguesa cedidos à
Novo Século Editora Ltda.
Av. Aurora Soares Barbosa, 405 – 2º andar – Osasco – SP – CEP 06023-010
Fone (11) 3699-7107
www.novoseculo.com.br
editor@novoseculo.com.br

Sumário

Apresentação 7

PRIMEIRA PARTE – AUTOCONTROLE 11
1 Qual é o problema? 13
   Considerações médicas 16
   Procurando a solução 26
   Meditar é indispensável 29

SEGUNDA PARTE – A FORÇA DA VONTADE 33
2 Querer é poder 35
   Determinação, dinâmica da vontade 41
   Atitudes que levam ao autocontrole 45
   Uma pausa se faz necessária 47
   O endomecanismo 51
   O exercício e a educação da vontade 52

TERCEIRA PARTE – TODOS OS PROBLEMAS TÊM SOLUÇÃO 57
3 Transformando situações 59
   As lamentações nos destroem 65
   A solução é observar e 66
   Conter-se é necessário 74

QUARTA PARTE – O PODER DA ORAÇÃO	79
4 As forças complementares	81
A oração ajuda a resolver problemas	86
A oração é muito mais	90
QUINTA PARTE – A FORÇA INTERIOR	99
5 Somos capazes de vencer e superar	101
O outro lado da situação	103
Uma diferença que faz a diferença	107
A força do conhecimento e da decisão	109
Os nossos sentimentos nos acompanham	114
Uma palavra ao leitor	119
Obras do mesmo autor	121

Apresentação

Partindo do princípio de que não existe problema sem solução, pois o que existe são obstáculos naturais para o crescimento humano, todo problema possui uma causa inicial que nos obriga a sair da indiferença e a usar as forças e recursos da inteligência que são os meios pelos quais vamos aperfeiçoando as nossas capacidades de resolução e de auto-superação.

Efetivamente, a nossa vida é constituída por obstáculos e por situações das mais diversas naturezas justamente para lapidar os poderes ocultos de nossa alma.

Assim sendo, Deus não resolve os problemas por nós, Ele nos oferece as condições necessárias para resolvê-los pelo esforço e uso adequado da inteligência.

O homem deve conquistar, pouco a pouco, todos os recursos, todas as capacidades, bem como a sua felicidade, mas, para isso, precisa dos obstáculos.

À medida que vamos avançando, ganhamos experiências e, gradualmente, vamos nos sobrepondo a todas as dificuldades materiais e psíquicas que serão vencidas uma a uma.

Ergamos os pensamentos e lembremo-nos de que o futuro pertence a cada um de nós, cabendo-nos a tarefa de conquistá-lo pelo trabalho tenaz e pelo aprimoramento de nossas faculdades prodigiosas.

No caminho, é bem verdade, sempre encontraremos muitas adversidades; vivemos em tempos de crises, o combate se desenrola em meio às tensões e às dúvidas fazendo o homem curvar-se diante da dor, demonstrando-nos que somos todos iguais, todos precisam aprender, mais cedo ou mais tarde.

Para que as capacidades da inteligência se apurem e se abram às verdadeiras riquezas do "eu" consciente, fazendo os homens se aproximarem fraternalmente uns dos outros e progredirem reciprocamente, serão precisos sinais ruidosos; serão necessárias duras lições de infortúnios.

Entretanto, todos têm qualidades e forças de superação e podem solver qualquer adversidade existencial; o Pai jamais abandona seus filhos, pelo contrário, concede-lhes os meios que os levam à sua necessária renovação.

Se temos problemas, temos também condições de resolvê-los e de superá-los.

A evolução majestosa da vida, todas as formas da existência, o conhecimento, a beleza e a felicidade interior, só acontecem lentamente através dos séculos.

Fundamentalmente, os *problemas* e os sofrimentos no curso da vida são verdadeiros mecanismos que a inexorável lei de causa e efeito usa para o equilíbrio e educação do ser. As faltas e os erros, que cometemos outrora, recaem sobre nós com todo o seu peso e determinam, por assim dizer, o nosso destino. Dessa maneira, quando o homem sofre algo que foge às suas ações presentes, pode estar, nada mais nada menos, sentindo a repercussão dos atos e pensamentos errados cometidos anteriormente.

Há, no homem, grandes e poderosas forças capazes de o conduzir ao controle de suas emoções e o fazer manter um domínio sobre os seus pensamentos e atos. Para tanto, teremos que desenvolver as nossas capacidades internas, precisaremos acreditar nelas e, acima de tudo, na bondade e misericórdia divinas que nos asseguram oportunidades pelas quais haveremos de aprender a aprimorar o nosso ser.

Assim, amigo leitor, não nos preocupemos com o que passou, exceto para extrairmos experiências; elevemos o pensamento e sigamos firmes, convictos de que um futuro melhor nos aguarda, pois não há obstáculo nem problema que possa sobrepor-se ao homem que confia e segue.

Ricardo Magalhães

PRIMEIRA PARTE

Autocontrole

Qual é o Problema?

Geralmente quando um problema surge à nossa frente e não estamos atentos para agir com equilíbrio, facilmente ficamos tensos, apreensivos e por vezes abalados, ao ponto de a irritação tomar conta de nosso ser. E, se isso não bastasse, acabamos, pela aflição, deixando escapar a oportunidade de extrairmos do âmago da dificuldade a pérola valorosa da experiência transformadora.

Infelizmente, muitas pessoas, por desconhecerem ou por não darem importância a alguns fatores fundamentais que levam à auto-superação e que contribuem para a solução dos problemas, tornam-se criaturas desanimadas, frustradas e inseguras.

Quando estamos tensos e nervosos, neutralizamos o fluxo consciente do nosso raciocínio e impedimos uma

Quando qualquer situação difícil nos atingir, como primeira providência, esforcemo-nos para nos mantermos o mais calmos possível.

Não vale a pena ficar tenso; a tensão nervosa, além de ser tóxica, impede-nos de termos atitudes coerentes em relação a qualquer dificuldade que se nos apresenta.

visão clara das coisas. Isso, conseqüentemente, nos desequilibra física e mentalmente. Dissemos fisicamente porque nos contraímos e passamos a agir descontroladamente: andando de um lado para o outro, torcendo as mãos, roendo as unhas e compulsivamente retraindo os músculos do rosto, fazendo aquilo que chamamos de "careta". Se, neste momento de desequilíbrio, pudéssemos sair do nosso corpo e observássemos os nossos pensamentos, palavras e gestos, ficaríamos assustados. Esta atitude de irritabilidade causa o mau humor, que é uma doença voluntária. Dissemos mentalmente porque a mente invigilante é fonte produtora de moléstias que adoecem o corpo são, prejudicando-o quando está enfermo.

Além de todos os males já mencionados causados pela tensão nervosa (desequilíbrio interior), há uma outra reação extremamente perigosa: *a ansiedade*.

Pouco a pouco, o homem, pelo descontrole emocional, cria a ansiedade, que pode ser comparada ao medo. Sendo o medo uma reação ao perigo externo, a ansiedade é uma reação ao perigo interno; algo não está bem com o "eu" interior e reclama cuidados urgentes.

Este estado, que podemos denominar de angústia, é o que acaba gerando a incerteza e, por conseguinte, a indecisão. Afeta diretamente o organismo causando o envelhecimento precoce, a fadiga, o desânimo e leva, invariavelmente, à depressão.

O corpo sob contínua pressão emocional assemelha-se *grosseiramente,* por exemplo, a um motor de um carro que funciona sem água e sem óleo.

Sem sombra de dúvida, a tensão nervosa e as pressões emocionais

Desenvolvamos o autocontrole para que possamos sempre tomar decisões inteligentes e nos manter predispostos à auto-superação.

Manter a calma, procurando com equilíbrio a melhor decisão, é o que na verdade nos colocará próximos da possível solução.

desequilibram o homem e o levam a criar problemas de desorganização físico-social e psíquico-espiritual.

Caríssimo leitor, gostaríamos de trazer algumas informações complementares que nos ajudaram a ter uma compreensão ainda mais ampla sobre este assunto, pois este estado consciencial nos fortalece no combate às tensões.

Considerações Médicas

Tensão, emoções e preocupação aflitiva são os males mais perigosos do ser por não serem curados pelos medicamentos nem tampouco pelos procedimentos cirúrgicos.

O ex-Diretor Executivo do Instituto Central das Clínicas de São Paulo e professor titular de Biologia Educacional e Neuro-físico-anatomia, o médico cirurgião dr. Ary Lex, afirma em seu livro *Do sistema nervoso à mediunidade* (Edições FEESP) que, certas emoções produzem vasoconstrição, isto é, diminuição do calibre dos vasos sangüíneos... e outras vezes também causam a dilatação e aumentam o afluxo de sangue. Diz o dr. Ary Lex que, estes casos simples já nos mostram, claramente, a influência da mente sobre o corpo. O nobre médico explica que o nervo vago é excitador do estômago e frenador do coração, ou seja, diminui a freqüência dos batimentos cardíacos. Como é excitador do estômago, faz aumentar a secreção do ácido clorídrico, produzindo hiperacidez, o que predispõe à formação das úlceras do estômago e duodeno. As emoções, estimulando o vago, são consideradas, por isso, uma das principais causas dessas úlceras. Acrescenta dr. Ary que, em artigo recente, H. Capisano

Os males causados ao organismo físico, quando estiver em desordem psíquica (tensão nervosa), são maiores e mais dolorosos do que aquilo que costumamos chamar de problema.

Nada justificará a agressão que causamos ao corpo físico, (instrumento divino para o aperfeiçoamento moral e espiritual), quando geramos, pelo desequilíbrio psíquico, elementos nocivos à sua saúde.

diz que há 50 anos se repetem trabalhos experimentais conjuntos, reunindo psicanalistas, clínicos, fisiologistas, farmacologistas, com o objetivo de provar aos incrédulos que fatores emocionais, com maior ou menor intensidade, têm algum papel, ora mais, ora menos importante, na gênese de algumas doenças, entre elas a úlcera gastroduodenal. Angústia e desejo de fuga determinam diminuição da motilidade e secreção gástricas. Insegurança e ressentimentos causam hipermotilidade e hipersecreção gástricas. Os atos médicos e cirúrgicos funcionam em relação às indicações objetivas e conscientes. Tais atos implicam a redução da realidade humana à matéria. Aliviam-se sofrimentos físicos com produtos farmacológicos ou com ressecção da parte doente, mas não se resolvem conflitos. Lembra o dr. Ary Lex significativa declaração que faz Clifford

Morgan em seu livro *Psicologia fisiológica* (Editora da USP — 1973) quando diz:

"Admitiu-se, por muito tempo, que estados emocionais, principalmente quando persistem por longo período, podem afetar, profundamente, vários órgãos, danificando-os, às vezes diretamente, e, outras vezes, predispondo-os às infecções. Entre os efeitos, temos a síndrome de adaptação geral do organismo em resposta à situação do 'stress', condição que faz o organismo mobilizar recursos e queimar mais energias do que geralmente acontece. O primeiro estágio, chamado de reação de alarme, consiste em mudanças corporais típicas das emoções. Mas se o 'stress' continuar por algum tempo, o organismo passa ao segundo estágio, chamado 'resistência ao stress'. Nesse estágio, o organismo se recupera de suas primeiras explosões

Uma situação que podemos considerar como um problema real é o homem demorar a perceber que grande parte de suas dores, sejam elas físicas ou morais, se originam na mente desequilibrada.

Não basta tão somente combater os efeitos negativos de todos os aspectos da vida considerados "problemas". É impreterível, é indispensável, a destruição dos agentes geradores — as causas. Sem isso, é impossível a solução definitiva.

de emergência e tolera o 'stress' da melhor forma possível. Se o 'stress' é grave e perdura bastante, atinge-se o terceiro estágio, o de exaustão. Neste, o organismo pode debilitar-se e morrer."

O dr. Ary Lex informa que os dermatologistas afirmam que certos eczemas e outras moléstias da pele têm como causa um distúrbio emocional. E diz que conhece pessoas com tal distúrbio que não se curaram com os tratamentos tradicionais e que tiveram seus eczemas curados com antidistônicos (tranqüilizantes) e psicoterapia.

Isto prova a força predominante da mente sobre o corpo.

Amigo leitor, estas importantes *considerações médicas* a respeito das tensões nervosas (distúrbios emocionais), como causadores principais de problemas orgânicos e psíquicos, têm valor capital no nosso fortalecimento "consciencial". Definitivamente, na superação de problemas e dificuldades, bem como nas tomadas de decisões, é imprescindível, ou melhor, é indispensável, o esforço em manter a tranqüilidade, o equilíbrio, o autocontrole, para que, em primeiro lugar, sejam dominadas as emoções.

Contudo, se insistirmos com as tensões nervosas e nos desequilibrarmos emocionalmente, perguntamos: como podemos tentar resolver aquilo que, à primeira vista, consideramos como *problema* se, na realidade, o "problema" maior está acontecendo dentro de nós?!

Qualquer decisão tomada debaixo de tensão nervosa normalmente causa transtornos e arrependimentos.

Precisamos deter as tensões.

Isso, entretanto, requer esforço, disciplina e, mudança de hábitos.

Na verdade, o maior problema não é o problema propriamente dito, mas os problemas que são gerados por não saber controlar-se diante dele.

> *Não há problema maior do que o descuido da mente. A fiscalização mental implica no cuidado diário dos atos. Esta é a base da transformação e do equilíbrio interior, porque, diante das dificuldades, superar é preciso, e evitá-las é necessário.*

O processo de transformação mental da alma humana, bem como seu aperfeiçoamento espiritual, é muito lento, difícil, uma obra vagarosa, por isso, nos foram dados os séculos. Mas esta obra de transformação interior já pode e deve ser vivenciada por nós hoje, agora, de maneira mais participativa. Isso só depende de nós.

Ao longo de sua evolução, o homem vem desenvolvendo suas capacidades e forças ocultas; entretanto, adquiriu, pela invigilância mental, débitos, hábitos e tendências, infringindo as leis divinas; condicionou-se a agir quase que instintivamente e, por não saber ou não querer, continua errando.

Assim sendo, enquanto não houver consciência real do verdadeiro problema do ser e não procurar ele próprio mudar por meio do controle emocional, da disciplina e da vontade, não sairá das linhas horizontais da acomodação e do sofrimento voluntário.

Estamos vivendo, como bem se sabe, um simples episódio de nossa inapagável história; reflexos e resultados bons e maus se desenrolam para todos nós dia após dia através da imensidade. Nossas ações recaem sobre nós invariavelmente, fazendo-nos sentir a grande necessidade de mudar.

Para que possamos usufruir a vida, aproveitando-a da melhor maneira, é imprescindível não perdermos tempo tendo que refazer, muitas vezes, aquilo que podemos fazer direito. Cuidemos com carinho de nossos pensamentos e ações.

Procurar agir corretamente em todas as circunstâncias do dia a dia nos poupará tempo e evitará problemas futuros, porquanto a felicidade e o bem-estar que buscamos na vida está sobretudo no aproveitamento do tempo que nos é concedido.

Por outro lado, se não existissem problemas, não haveria o

Os obstáculos que se acumularam em nosso caminho são simples meios que nos obrigam a utilizar as forças e as capacidades que Deus nos deu para superá-los.

O problema é difícil? Por que temer? Somos todos filhos de Deus; Ele jamais nos deixaria carregar peso maior do que nossa capacidade suportaria. Em qualquer situação difícil, lembremo-nos disso.

desenvolvimento de nossas capacidades procurando as melhores soluções e, conseqüentemente, o progresso pararia.

As grandes descobertas e as grandes realizações nasceram no terreno fértil de problemas difíceis que foram superados pela inteligência e vontade de homens que acreditaram em si mesmos e na lei do progresso transformador.

No entanto, muitos irrefletidamente dizem:

— Como seria bom se na vida os problemas fossem mais simples, ou até, como seria maravilhoso se não existissem problemas?

Uma vez que tudo é relativo, a simplicidade de um problema depende da causa que o gerou e da maneira como o encaramos.

Quanto à não existência dos problemas, bem: lembremo-nos mais uma vez: *se não existissem pro-*

blemas, não haveria soluções e, conseqüentemente, o progresso pararia.

Lembremo-nos de que, na natureza, um rio, por exemplo, atinge seu objetivo porque aprende a superar os obstáculos do caminho.

Imaginemos: se estivéssemos isentos do trabalho e do esforço para superar os momentos difíceis e fôssemos poupados de exercitar as nossas capacidades internas depositadas pelo Criador nas profundezas do nosso ser, na certa estaríamos estagnados! E isso não é concebível.

Precisamos nos aprimorar interiormente e aprender a enfrentar a luta diária com inteligência e autocontrole; só assim avançaremos em direção ao bem-estar, pois estejamos certos de que não são as dificuldades que nos causam a aflição e a dor. Isso nos faz lembrar uma afirmativa do livro por nós publicado *O poder magnífico do pensamento:*

Em nossa caminhada, busquemos sempre o apoio divino. Mas nunca peçamos que nos retire as pedras da estrada. Isso é tarefa necessária a cada um de nós porquanto ficaríamos impedidos da experiência transformadora.

Se não fossem os obstáculos e as dificuldades da existência humana a lapidar paulatinamente o espírito, seríamos seres inexpressivos a perambular no vazio do nada. E o nada não existe.

"Não são nem os problemas gerados por nossas imprevidências nem os obstáculos naturais do crescimento humano nem tampouco as situações inesperadas ou inevitáveis que tiram a nossa capacidade de resolução e o nosso equilíbrio pessoal. Não! Não mesmo!

O que na verdade nos distancia das soluções inteligentes e da própria superação das tribulações do caminho é o *desequilíbrio* que gera a revolta, causando a intranqüilidade, a insegurança e o medo, *o que é muito pior*."

Por estas e outras razões é que devemos evitar qualquer tensão nervosa.

Pensemos nisso, sempre.

Procurando a Solução

Para que possamos falar de solução, precisamos antes estudar, analisar conscientemente e compreender a origem do suposto problema. Esta providência, fundamental, nos coloca em posição favorável em relação a uma resolução acertada, pois qualquer problema possui, em sua essência, diversos aspectos que precisam ser verificados para que se possa resolvê-lo ou superá-lo em definitivo sem criar obstáculos desnecessários. Não obstante, tendo tomado esta providência inicial, é necessário fazermos uma separação. Bem, juntando-se a esta incontestável necessidade, reportamo-nos ao livro de nossa autoria *Os benefícios do equilíbrio* onde observaremos um princípio básico na solução e superação das dificuldades diárias. Vamos a este princípio: "É necessário e importante que também saibamos separar e distinguir problemas de obstáculos.

O problema (ou a dificuldade) que passamos a ter é, em grande

Qualquer situação problemática exige estudo preliminar, cautela e muita paciência, ou seja, controle emocional. As melhores soluções nascem de decisões planejadas e justas, e, sobretudo, da consciência de que o bom resultado só depende de nós.

Verifiquemos com regularidade os nossos pensamentos e atos para mantê-los estabilizados. Não importa o que está nos preocupando, pois sabemos que a solução ou a superação virá tão logo coloquemos em prática o pensamento e a ação em equilíbrio.

parte, causado por nossos próprios pensamentos e ações. Quando não se praticam o pensamento e a ação equilibradamente, muitas vezes, geram-se diversas situações difíceis que não são percebidas de imediato. É importante termos esta visão, ou melhor, não nos descuidarmos dos pensamentos e das ações do dia-a-dia.

Já os obstáculos são situações que todos nós encontramos no caminho; podemos até considerá-los como exercícios para que possamos alcançar nossos objetivos com verdadeiro merecimento.

Muitas vezes, problemas e dificuldades que, a princípio, não vemos razões para tê-los têm causas anteriores que, evidentemente, não conhecemos; contudo, é preciso cuidado para não generalizar, pois *grande parte* dos nossos problemas *é fruto* de nossa própria falta de atenção e de prudência.

Lembremo-nos sempre: depois de uma ação, há uma reação automática. Então, diante de problemas e impedimentos, a análise cuidadosa antes de tomar a atitude de resolução é indispensável. Por isso, é imprescindível o nosso pensamento apurado, compreensivo, sobretudo com aqueles problemas que nos são inteiramente estranhos".

Meditar é Indispensável

Meditemos, caríssimo leitor, todos os dias sobre o que realmente possa ser considerado "problema" e, depois, nos preparemos para agir.

Aprendamos a vigiar todos os nossos atos impulsivos para que possamos chegar a saber como e quando devemos movimentar as nossas forças e capacidades de resolução e de auto-superação.

Qualquer problema possui seu ponto vulnerável, ou melhor, seu lado fraco, que pode, por assim dizer, ser quebrado e possibilitar a sua melhor solução. Contudo, isso só acontece quando o homem mantém um domínio sobre seus pensamentos e suas emoções.

O equilíbrio emocional começa a ser edificado em nós a partir da fiscalização contínua dos pensamentos e atos, pois nenhum obstáculo pode ser superado sem que haja a ação da consciência integral.

Podemos realizar tudo no domínio psíquico; temos as condições de desenvolver gradualmente a disciplina mental que nos controla as emoções e, pouco a pouco, cria o estado de autocontrole. Isso nos permitirá avaliações conscientes de tudo que se nos apresente de maneira tranqüila e equilibrada. Em resumo, é necessário regular nossa vida física de modo a não danificá-la, exercitando-nos em dominar as tensões e os atos impulsivos, mas, mesmo assim, se sentirmos que estamos perdendo o controle, paremos... é hora de perguntar: Qual é, *ou será,* o problema?...

As reflexões cuidadosas dos pensamentos e atos demonstram claramente a ação da consciência do "eu" interior. A propósito, a consciência não é só a faculdade de percepção; é sobretudo, a nossa sensibilidade de viver, pensar, agir e de querer sempre avançar.

A consciência integral é o santuário da razão e da serenidade, é o templo da alma, é Deus agindo em nós. Lembremos que o maior de todos os filósofos, Jesus, disse:

— "Deus está em vós..."

Olhemos, amigo leitor, cuidadosamente, para dentro de nós, aprendamos a reconhecer e a sentir a beleza e o brilho do Grande Foco Criador; há forças ocultas adormecidas em nosso ser, verdadeiras potências prontas para serem usadas.

E por que meio colocaremos estas maravilhas em prática? Pela vontade! Isso, nós trataremos a seguir.

> Não há problema que não possamos vencer.

Todo o segredo do bem-estar, do vencer, do superar e da felicidade é estar no descobrimento, na identificação de Deus em nós, foco de nossas forças capazes de nos transformar em homens novos.

SEGUNDA PARTE

A Força da Vontade

2
Querer é Poder...

Como se sabe e se pode observar, os obstáculos e problemas de toda ordem no contexto terrestre são comuns e úteis; acionam e desenvolvem a inteligência, movimentando as capacidades do homem; levam ao conhecimento e provocam o esforço, que é um ato dinâmico da vontade, do querer.

Se não fossem as dores e os sofrimentos, como haveríamos de sentir a alegria e o alívio da superação?

Se não conhecêssemos a escuridão, como apreciaríamos a luz?

E se não houvesse as lutas e as privações do caminho, com que satisfação alcançaríamos os objetivos nobres?

Somos inteligentes e capazes de compreender que não há felicidade sem consciência tranqüila, sem aperfeiçoamento interior, nem vitória

Aprendamos a transformar aquilo que nos preocupa e que consideramos um problema em lição que aperfeiçoa as nossas capacidades e nos garante o desenvolvimento da autoconfiança.

Valorizemos os bens e recursos que conseguimos pelo esforço e uso adequado de nossa inteligência, mas aprendamos a viver de maneira simples e sensata, pois a felicidade é conquista do espírito e independe da posição social. Evitar excessos e ilusões é prevenir-se contra a dor.

sem duros esforços. Na verdade, a felicidade não é uma mercadoria que encontramos nas prateleiras das lojas e pedimos ao balconista: "me dá" uma, "me dá" duas... Ela não se compra, nem se vende, ela é conquistada ao longo de nosso processo evolutivo pela vontade de querer vencer e superar as próprias deficiências morais e os problemas da vida com equilíbrio e convicção no futuro assegurado por Deus.

Por esta razão é que encontramos as dificuldades e as dores; no dia em que alcançarmos a plenitude de nosso espírito, com certeza, estaremos em outra situação.

Infelizmente, um grande número de pessoas cria, na vida, muitos obstáculos e problemas por confundir a felicidade interior com a satisfação momentânea e acaba associando as conquistas materiais aos bens da alma. Uns, são transitórios, os outros, eternos, pertencem ao espírito.

No entanto, não estamos, com isso, desvalorizando nem tampouco condenando as riquezas materiais; elas são necessárias porque proporcionam o desenvolvimento do próprio homem; estudos, descobertas, benefícios e os crescimentos que causam o progresso da humanidade são os resultados dos recursos gerados pelos seus trabalhos e esforços.

Se as riquezas materiais não fossem necessárias aos estágios atuais da alma, por certo o Criador nos daria outros meios para o nosso desenvolvimento. Tudo é proporcional ao grau evolutivo do ser.

O que acontece é que esquecemos que elas são passageiros e devem ser usadas adequadamente, em benefício geral.

A melhor maneira de nos sentirmos bem e nos tornarmos receptivos às boas coisas é procurarmos desenvolver os valores indestrutíveis da alma sem descuidarmos do crescimento humano através do trabalho digno, objetivando uma interação harmoniosa de vida.

Diante dos obstáculos do dia-a-dia, aprendamos a agir com base em um planejamento antecipado. Enfrentemos um de cada vez e mantenhamos a serenidade através do controle emocional. Dessa forma estaremos criando sempre bons resultados.

Não são, como pensam muitos, a fortuna, o poder, o privilégio social, os títulos, nem tampouco a beleza física, as condições que asseguram a felicidade e o bem-estar, nem mesmo a união de todas essas situações. O próprio Cristo nos advertiu disso ao dizer que "a felicidade não é deste mundo". Certamente, Ele, com toda a sua sabedoria, nos mostra que jamais encontraremos, ou melhor, sentiremos, a felicidade no âmbito material, mas, sim, nas esferas da alma que preexiste ao corpo e continua existindo após a sua separação.

O que importa é estarmos preparados para avançar sempre movidos pela confiança no futuro melhor.

Por acaso, é este um mundo de felicidade plena?

Conhecemos alguém que não tenha que superar obstáculos e não passe por problemas e dificuldades na vida?

Todos nós fazemos parte de um conjunto que, para progredir, necessita de muito trabalho e conscientização.

Por essa razão é que encontramos, em todas as classes sociais, o homem ainda dizendo:

— A felicidade não foi feita para mim!

— Os problemas não me deixam ser feliz!

— Mas, se eu tivesse..., se as coisas mudassem..., quem sabe se...

Esses pensamentos e atos, tão comuns (ao homem desatento), de lamentações e algumas vezes de revolta, causam um condicionamento mental, uma fixação dos sentimentos negativos nas profundezas do nosso ser, onde tudo é devidamente gravado; nada se perde nem fica em vão, todos os sentidos são recolhidos pelo inconsciente que os grava

Quando algo está nos causando preocupação e percebemos que estamos ficando aflitos, lembremos que o maior obstáculo é controlar as emoções e os atos impulsivos, o resto... bem, isso é uma questão de sabermos usar a inteligência.

> *O que estamos pensando? Será que cuido com carinho de meu estado mental? O pensamento negativo age em nossas vidas à semelhança de fortes marteladas em um pequeno e frágil mecanismo. Será que não estamos agindo contra nós mesmos?*

e depois os reproduz automaticamente, semelhante ao disco comum cujos sons fixados em suas trilhas sutis são ouvidos à nossa vontade.

Eis que grande parte dos nossos males físicos e mentais não têm outra causa a não ser o pensamento negativo.

Quando, pela desatenção, nos condicionamos a idéias negativas, seja no campo profissional, familiar ou social e nos deixamos levar por elas, somos impelidos conseqüentemente a expressar-lhes os resultados desastrosos.

Criamos, pelos pensamentos diários, o nosso estado de vida (atual e futuro) e, pela vontade, nos dirigimos para o alvo que determinamos. Evitemos problemas. Aprendamos a pensar sempre no melhor e acreditemos nele; as nossas capacidades nos levarão para bons resultados.

Os pensamentos e as palavras têm o poder de plasmar a matéria: é o efeito realizador.

O grande filósofo William James disse: "Não tenha medo da vida. Creia que a vida vale a pena ser vivida e sua crença transformará esse fato numa realidade".

Uma infinidade de problemas é causada pela não-observação destes fatores fundamentais.

Determinação, Dinâmica da Vontade

Ao desenvolvermos a vontade *ordenada*, criamos predisposição para vencermos e superarmos os obstáculos e problemas da vida, e nos autodeterminamos. Isso mesmo. Predispomo-nos para o bem, para o belo e, naturalmente, para resultados satisfatórios. É a atuação da lei

Como se sabe, os reveses de toda sorte não são mais do que conseqüências de nossas imprevidências e de atitudes irrefletidas. Contudo, não nos esqueçamos de que, se soubermos aproveitá-los, nos tornaremos senhores de um futuro bem melhor.

As forças capazes de nos sobrepor a qualquer situação difícil da vida comum, estão armazenadas em nosso ser. A vontade, o otimismo e a confiança em Deus e em nós mesmos são algumas destas potências, pois crer e querer é poder e agir, é realizar.

de ação e reação, causa e efeito, pois energia atrai energia da mesma natureza.

Este impulso dinâmico da vontade desencadeia forças interiores que levam à ação e produz vibrações com poderosas forças magnéticas que, devagar e silenciosamente, minam os obstáculos à nossa frente.

Todos nós somos um campo de energia.

Se controlarmos a vontade, potência da alma, atrairemos novos recursos vitais para a nossa vida. Basta usarmos a inteligência, o controle emocional.

O simples fato de encararmos o que costumamos chamar de *problema*, com vontade firme e a convicção de que podemos superá-lo, já lhe diminui o peso e a importância.

A determinação que temos em conquistar algo positivo nos predispõe a decisões certas e seguras.

É determinado aquele que realmente sabe e tem certeza de que pode e deve vencer inteligentemente os entraves do cotidiano. A luta, por assim dizer, deve ir até o último fôlego. Fôlego?... Isso nos faz recordar uma história clássica que gostaríamos de contar ao caro leitor. Esta história relata, de maneira interessante, o quanto a determinação em conjunto com o autocontrole pode fazer por todos nós no momento difícil.

Trata-se de duas rãs que estavam brincando perto de um recipiente de creme de leite e acabaram caindo na vasilha. Uma das rãs, após ter nadado um pouco, disse:

— É impossível sair deste lugar. Vou desistir!

E afundou-se no creme, morrendo. A outra rã disse:

— Continuarei tentando, não tenho nada a perder. Vou até o último fôlego.

Se não estivermos atentos, geralmente, quando estamos a caminho de um objetivo ou mesmo nos momentos difíceis que exigem um pouco mais de confiança e determinação, simplesmente renunciamos. Contrariamos, então, uma sentença popular que diz: "Insista, persista e não desista".

William James declarou: "Aceite de boa vontade que assim seja. A aceitação do que aconteceu é o primeiro passo para se dominarem as conseqüências de qualquer infortúnio". Entretanto, devemos lutar e perseverar na tarefa de mudar aquilo que pode e deve ser mudado.

Assim, depois de algum tempo nadando, nadando, o creme transformou-se em manteiga. Foi desta forma que a segunda rã se viu sentada e a salvo no alto da vasilha de manteiga.

Eis que, em várias ocasiões na vida de muitos de nós, isso acontece. Ao primeiro sinal de dificuldade, ou, quando a situação exige um pouco mais de esforço e determinação, simplesmente abandonamos a luta alegando incapacidade e até tentamos refugiar-nos colocando a culpa em fatores circunstanciais, justificativas da desistência voluntária ou do fracasso de que não podemos escapar. E acabamos dizendo:

— Isso não é problema meu...

Fiz o que pude... Não posso fazer mais nada... Ou, foi Deus que quis assim...

E por aí vão as desculpas.

Tudo isso é muito comum quando não se observam os pensamentos e atos concomitantemente. A disciplina dos pensamentos implica vigilância dos atos. Se não houver este cuidado simultâneo, não se consegue o autocontrole, nem tampouco se tem um domínio ordenado da vontade.

Atitudes que levam ao Autocontrole

Bom, como foi possível observar, jamais conseguiremos obter resultados proveitosos, nem mesmo superaremos obstáculos, se não edificarmos em nós os princípios básicos da vontade. Seguramente, a primeira atitude é *querer*. Precisamos sentir de fato a necessidade de querer mudar e depois executar este desejo.

Uma das atitudes que devemos colocar em prática para a solidificação

A instabilidade mental gera a insegurança e o medo que pode ser comparado com a preocupação em profundidade. A palavra preocupação significa, na realidade, sufocar ou estrangular. A vítima da preocupação é literalmente estrangulada em suas forças de reação.

O conhecimento de nosso "eu" interior é fundamental para o êxito de nossos objetivos, bem como, nas decisões acertadas. Além do mais, fica muito fácil perceber os próprios erros e corrigi-los a tempo, cortando o mal pela raiz.

do autocontrole é a observação de si mesmo.

Da inscrição "Conhece-te a ti mesmo", gravada no frontispício do templo de Apolo, em Delfos, o grande filósofo Sócrates fez a sua divisa e o seu programa moral, seguindo-a em sua essência e inspirando o seu trabalho de despertar as consciências humanas para o conhecimento de si mesmas.

Contudo, desde os grandes filósofos e mestres da dinâmica do progresso moral e espiritual e do sucesso em todos os campos do desenvolvimento humano até os nossos dias, tem-se repetido muitas vezes esta frase "Conhece-te a ti mesmo" mas, infelizmente, poucas vezes entendida e seguida em sua plenitude.

Embora existam situações impeditivas, das mais diversas, em razão da grande complexidade humana, é prioritária a avalição cuidadosa dos nossos sentimentos mais profundos, resultado de nosso estado mental construído dia a dia através dos pensamentos.

Por esta razão, a auto-análise, ou seja, a investigação pormenorizada dos pensamentos, sentimentos e atos, é um dos princípios básicos do desenvolvimento dos poderes interiores.

Perguntemos:

— Que tipo de pensamento costumo ter, bom ou mau?

— Meus atos são avaliados, ou vou agindo sem pensar quase que instintivamente?

Uma Pausa se faz Necessária...

Fechemos por alguns instantes este livro e pensemos sobre estas questões, depois, continuemos a leitura.

Aprendamos a dominar o pensamento, a fiscalizá-lo constante e disciplinadamente, dirigindo-o para um ponto seguro e digno. As ações e os pensamentos precisam estar em harmonia, caso contrário, não se conseguem resultados positivos.

Quando pensamos, exteriorizamos vibrações, e, num processo natural de causa e efeito, colhemos, invariavelmente, os reflexos saudáveis, os pestilentos, resolutivos ou problemáticos, nada mais nada menos que os efeitos de nossas próprias criações mentais.

A cada passo que formos dar, procuremos antes analisá-lo.

Controlando pensamentos e atos, começaremos a raciocinar primeiro e a agir depois, essa é a ordem: automatizar ordenadamente a dinâmica da inteligência e do saber. Com isso, evidentemente, a probabilidade de erro é menor e do acerto bem maior.

Milagre? Claro que não! Isso só é possível devido ao estudo consciente do nosso "eu" interior, aos cuidados e pré-avaliações mentais. É uma questão de controle emocional.

À medida que esse procedimento é praticado, acontecem as transformações reciprocamente em todos os aspectos da vida.

Somos seres que facilmente nos condicionamos em razão dos comportamentos e hábitos que criamos pela afinidade e pela indução mental e depois compulsivamente somos criados por eles, ou melhor, passamos a reproduzi-los sistematicamente; a nossa capacidade de assimilação e de propensão é muito grande.

Avaliemos seriamente os nossos hábitos e desejos. Nem tudo o que queremos é, de fato, o melhor. Verifiquemos, com freqüência, os prós e os contras de tudo que formos realizar. Isso é extremamente importante porque ampliamos a nossa visão "consciencial" e antecipadamente fazemos uma previsão dos possíveis resultados de qualquer atitude.

Infelizmente, poucas vezes, quando as coisas não estão indo bem, nos perguntamos qual é ou foi a nossa participação para que isso esteja acontecendo. Aí é que entra a fiscalização dos pensamentos e a vigilância dos atos simultaneamente.

Vamos nos lembrar que as ondas magnéticas do pensamento produzem

> *Somos seres dotados de capacidades que vão além de nossa própria consciência. Entretanto, começamos a desenvolver os recursos vitais que adormecem nas profundezas do nosso ser à medida que avaliamos todos os atos mentais e emocionais.*

Os reflexos dos sentimentos menos dignos que costumamos alimentar, a pretexto de estarmos certos, reagem sobre nós mesmos gerando fortes desequilíbrios mentais e emocionais que nos custam muito mais que qualquer obstáculo natural do crescimento humano.

vibrações que compelem gradualmente às atitudes, ou seja, pouco a pouco agiremos inevitavelmente pelos impulsos do pensamento.

Por isso, para que possamos obter resultados satisfatórios em qualquer situação, aprendamos, em primeiro lugar, a disciplinar o nosso estado mental que comanda as emoções.

Queremos ou não melhorar a nossa qualidade de vida?

Muitas pessoas ainda não perceberam ou, se perceberam, não se conscientizaram de que os seus pensamentos pessimistas causam sérios desequilíbrios psíquicos levando-as forçosamente para problemas de diversas naturezas.

Ninguém jamais resolve nada, absolutamente nada, com irritações, lamúrias e atos impensados.

Isso já foi tratado por nós na primeira parte desta obra, mas não custa relembrar.

O Endomecanismo

Efetivamente, a nossa vontade, o nosso desejo ardente de vencer, de superar os próprios obstáculos interiores, nos impulsionam ininterrupta e silenciosamente pelo endomecanismo (mecanismo interior) ao equilíbrio emocional e ao sucesso em qualquer terreno. Só precisamos acreditar e cuidar dessa fonte produtora de energia que há dentro de cada um de nós.

A constituição, a cor, o perfume e toda a beleza de uma rosa são partes integrantes de uma singela e pequenina semente. Entretanto, para florescer e chegar a embelezar-se com sua forma majestosa e perfumar um jardim, necessita de cuidados apropriados; se ela não receber o cultivo adequado, seus valores ficarão inexpressivos e atrofiados. O mesmo acontece com as nossas potências

O terreno para se tornar produtivo necessita de cuidados, boas sementes e irrigação. Vazio e abandonado fica à mercê das ervas daninhas que o invadem pouco a pouco. O mesmo acontece à nossa mente. Tratemos com carinho de nossos pensamentos, pois eles geram os frutos de amanhã.

A vontade, como nós sabemos, é o impacto que determina; é também, por assim dizer, uma espécie de alavanca que movimenta ou paralisa os recursos de uma máquina. Eis que, sem o controle desta força, ficamos estagnados no tempo, à mercê da própria sorte.

internas, e uma delas é a vontade. Cuidemos com carinho de todas as partes de nossa engrenagem interior para que paulatinamente possamos nutrir os recursos vitais que elevam as nossas capacidades de resolução e de auto-superação.

O Exercício e a Educação da Vontade

À medida que vamos nos educando e avançando em direção ao equilíbrio interior, grandes modificações irão acontecendo em nós e em torno de nós, transformando o velho provérbio "Querer é Poder" em "Eu Posso!".

E é dessa forma que se observa na palavra celeste: "A fé remove montanhas". Entretanto, a verdadeira fé é operante, precisamos nos colocar em ação para que as coisas possam acontecer. Caso contrário, nossas vontades ficarão só em projetos, em meras promessas ou conjeturas que não levam a nada, a não ser às frustações.

Todos podemos realizar grandes maravilhas quando acreditamos em nós.

As pessoas, com raríssimas exceções, que se distanciam deste fato, apesar de trazerem em si as condições de resolução e de superação, não falham por falta de conhecimento ou de crença. Falham, principalmente, por omissão, por não se colocarem em ação. Isso mesmo, a ação é o mais forte princípio da vontade.

Posto isto, não basta tão somente conhecer e crer, é indispensável ter a ação do desejo, o exercício da vontade.

A fé inoperante foi comparada por Cristo a uma árvore que não produz frutos.

É a vontade uma força criadora; sua ação pode ser comparada à do ímã, porquanto é através da vontade ordenada que desenvolvemos as nossas potências internas que nos levam ao equilíbrio interior e à solução de qualquer problema que se nos apresente.

Quando desenvolvemos a vontade ordenada, observamos que ela age devagar e silenciosamente, levando-nos em direção aos objetivos, minando todos os obstáculos à nossa frente, e sentimos que vamos vencer mais cedo ou mais tarde.

A vontade é assim, a maior de todas as potências, mas só a ação dessa força é que pode elevá-la acima de todas as outras.

Quando queremos atingir algo positivo e movimentamos a nossa vontade pela ação, desencadeamos os meios para alcançá-lo, pois é dessa maneira que a fé consciente movimenta os poderes da alma multiplicando suas capacidades espirituais e humanas, fazendo-a sentir que pode e deve triunfar. Eis o motor da evolução e o meio pelo qual alcançaremos o bem-estar e a paz interior.

É pela vontade que dirigimos o nosso pensamento para a melhor solução e a encontramos mais cedo ou mais tarde.

Caríssimo leitor, o exercício e a educação da vontade nos retempera e revitaliza os ânimos e nos assegura o sucesso em qualquer situação da vida, ao passo que o desânimo, a aflição e o pessimismo nos entregam sem defesa ao sofrimento e à inércia.

Evitemos lamentações, descontroles e lágrimas intempestivas; isso só aumenta as incógnitas ao invés de resolvê-las.

À medida que vamos conhecendo a extensão dos recursos gerados pela vontade, ficamos mais e mais deslumbrados com os poderes e maravilhas que podemos realizar.

Cada alma é, na verdade, um foco da grande Alma universal, confirmando as palavras do Cristo: "Deus está em vós".

> NÃO HÁ OBSTÁCULO NEM PROBLEMA QUE NÃO POSSA SER SUPERADO E RESOLVIDO QUANDO DESCOBRIMOS DEUS EM NÓS E NOS COLOCAMOS EM AÇÃO CONTÍNUA.

A vontade, a determinação e a ação firmes, fortalecidas pelos nossos recursos vitais, sobrepõem-nos a qualquer obstáculo e facilita sempre o encontro da melhor solução.

TERCEIRA PARTE

TODOS OS PROBLEMAS TÊM SOLUÇÃO

3
Transformando Situações

No grande cenário da vida, o que se costuma chamar de "sorte" outra coisa não é que estar preparado, à espreita para captar e saber aproveitar inteligentemente as oportunidades no momento certo, principalmente nas situações difíceis. O estadista e romancista inglês Disraeli (1804-1881) disse: "O segredo do sucesso na vida consiste em estar preparado para a oportunidade quando ela aparece".

Gostaríamos, amigo leitor, de nos reportarmos a um pequeno trecho do livro *O poder magnífico do pensamento*, de nossa autoria, e observarmos: "... a dinâmica do sucesso e do bem-estar é na verdade o simples fato de estarmos preparados para as oportunidades. É, em outras palavras, a disposição e a confiança

> *O sucesso não se alcança só trabalhando mais, e sim trabalhando mais com a inteligência. O mesmo se emprega na conquista do equilíbrio interior. Não basta só desejá-lo muito, é preciso edificá-lo pelos pensamentos e atos.*

Tirar benefícios de vantagens é fácil e não requer esforço, tampouco inteligência. Entretanto, tirar proveito de obstáculos e aprender com os problemas comuns é o que realmente mostra o uso adequado de nossas faculdades prodigiosas.

em si mesmo, colocando-se positivamente perante a vida. É aprender a observar, nos problemas e obstáculos, não só o lado negativo, mas sobretudo o lado positivo no que concerne ao aprendizado e à própria experiência que cada situação difícil oferece como resultado benéfico."

Faz-se necessário termos a consciência de que nada pode triunfar, melhorar, ser resolvido ou superado sem que haja perseverança, luta, pensamentos inteligentes e equilibrados. Grande número de pessoas, por não observar este fato, acaba se abatendo. Estas pessoas desencorajadas desistem facilmente da luta antes mesmo de serem coroadas pelo sucesso de seus esforços.

Um ex-presidente dos Estados Unidos Herbert Hoover exprimiu-se com um raciocínio plausível quando disse: "Muitas vezes a distância entre o sucesso e o fracasso não é maior que a espessura de uma linha".

Efetivamente, para alcançarmos os nossos objetivos nobres e conquistarmos a autoconfiança, é imprescindível mantermos, constantemente, pensamentos sadios, tranqüilos, confiantes e, sobretudo, fiscalizados, ou seja, procurando discipliná-los de maneira que, diante de problemas e obstáculos, nos habituemos à prática da pré-avaliação.

A disciplina do pensamento é inegavelmente um fator primordial, indispensável para obtermos sempre a melhor solução, mesmo que a dificuldade nos pareça a princípio insolúvel.

No entanto, isso, infelizmente, ainda não ocorre com regularidade. As lamentações e as revoltas impedem que isso aconteça. Por quê? Bem, isso é um problema de condicionamento mental, e que, se

Procuremos nos habituar ao controle do pensamento de modo a não deixá-lo oscilando de um ponto a outro, ou seja, instável, sem disciplina. Lembremo-nos de que o pensamento equilibrado é responsável por nossas melhores atuações e êxitos.

Evitar o desperdício do tempo com reclamações inoportunas é o mesmo que colaborar na superação ou resolução de qualquer problema na vida. O tempo é um precioso instrumento que a misericórdia de Deus nos oferece para evoluirmos, e não podemos desperdiçá-lo.

não for resolvido a tempo, levará invariavelmente à múltipla desordem física, psíquica e social.

Caro leitor, recordemos um trecho desta obra:

"Esses pensamentos e atos tão comuns (ao homem desatento) de *lamentações* e algumas vezes de *revolta* causam um condicionamento mental, uma fixação dos sentimentos negativos nas profundezas do nosso ser onde tudo é devidamente gravado; nada se perde nem fica em vão, todos os sentidos são recolhidos pelo inconsciente que os grava e depois os reproduz automaticamente, semelhante ao disco comum em que os sons fixados em suas trilhas sutis são ouvidos à nossa vontade. Eis que grande parte dos nossos males físicos e mentais não tem outra causa a não ser: o pensamento negativo."

Para evitarmos esses vícios de comportamento, é imperioso mudarmos o nosso estado mental e nos predispormos ao equilíbrio interior e à auto-superação.

Se nutrirmos a nossa mente com pensamentos de otimismo, determinação e com um desejo ardente de bem-estar, certamente nos conduziremos pela via que nos levará a esse estado de vida. Lembremos que facilmente nos condicionamos, nos habituamos, por assim dizer, às novas condições.

Um dos mais admiráveis pensadores deste século, o doutor em medicina e filósofo William James declarou: "A maior descoberta da minha geração é que os homens podem mudar suas vidas mudando sua atitude mental".

Para eliminarmos um comportamento negativo, devemos, pela força da vontade, da ação e do desejo, exercitar continuamente o pensamento equilibrado. Sem sombra

Quem realmente deseja superar obstáculos e resolver problemas não alimenta pensamentos negativos e não age sob tensão nervosa. Os pensamentos negativos e as tensões não resolvem problemas, pelo contrário, cria-os em abundância.

Tenhamos sempre em nossa mente pensamentos de paz, coragem, saúde e esperança, pois a nossa vida é e será sempre o que pensamos com vontade e convicção. Nunca nos esqueçamos que cada um vive aquilo que carrega em seu coração e em sua mente.

de dúvida, somos o que os nossos pensamentos determinam.

O escritor Norman Vincent Peale disse: "Você não é o que você pensa que é, mas o que você pensa você é."

Se mantivermos pensamentos benéficos e sadios, nos sentiremos bem e saudáveis. Se pensarmos em coisas ruins e ficarmos nutrindo ressentimentos, angústias, medo e enveredarmos pelas lamentações, nos tornaremos conseqüentemente apreensivos, mal-humorados, medrosos e acabaremos doentes.

Há pessoas que reclamam de solidão e de terem dificuldade em se relacionar, de fazer amigos; entretanto, não percebem que se entregaram à autopiedade e às lamúrias. Ainda que sejam justificáveis as nossas lamentações, jamais causaremos um pingo de admiração e respeito em quem quer que seja. E fica muito difícil fazer amigos nessas condições. Eis um problema que é alimentado por muita gente.

As Lamentações nos Destroem

A bem da verdade, as lamentações são verdadeiros monstros devastadores do nosso precioso tempo, implacáveis ladrões que nos assaltam a todo instante.

Nada pior que desperdiçarmos os nossos dias com reclamações e lamúrias inoportunas que não resolvem nada. Muito pelo contrário...

Quantas vezes perdemos horas, dias e até anos a fio com lamentações infundadas que nos custaram enormes prejuízos à nossa saúde física e mental? Pagamos um alto preço por isso e, se não nos transformarmos, continuaremos pagando. Assim é que nos afastamos do equilíbrio

Muitos indivíduos, infelizmente, por manter constantes pensamentos errôneos de pessoas e situações, acabam causando antipatia e se distanciando dos bons acontecimentos. E mais, são sempre roubados pelos maiores ladrões do tempo: as lamentações.

> *O sucesso, o bem-estar e o equilíbrio interior consistem em estar preparado, adequadamente, para educar pensamento e ação, porquanto jamais atingiremos objetivo algum sem trabalho, planejamento e disciplina.*

interior e do aproveitamento das experiências que cada situação aparentemente complicada oferece como resultado positivo. É preciso, embora pareça estranho, aprendermos a tirar vantagens de uma aparente desvantagem.

A Solução é Observar e...

Encontrei recentemente duas páginas soltas de um curso de desenvolvimento pessoal de Paul J. Mejer que guardei há alguns anos. Acredito que, naquela ocasião, estava certo de que um dia poderia usá-las como exemplos de que podemos transformar situações aparentemente desagradáveis ou negativas em motivos para melhorar e crescer.

Essas páginas relatam duas histórias interessantes. A primeira, de um menino italiano que vendia jornais pelas ruas de Chicago. A segunda, de um jovem repórter de um jornal também de Chicago que mais adiante procuraremos relatar.

Bem, comecemos pelo vendedor de jornais. ...Certo dia, o menino aproximou-se de uma senhora idosa e lhe disse:

— Senhora, quer comprar um jornal?

Ela olhou-o bem e respondeu asperamente:

— Eu nunca compraria um jornal seu porque você está sujo e malvestido.

O pobre menino não quis vender mais jornais nesse dia. Foi para casa e chorou até a hora de ir para a cama. Na manhã seguinte, quando acordou, disse a si mesmo:

— É provável que a mulher tivesse razão... talvez eu não esteja tão limpo quanto deveria estar. Naquela manhã, tomou banho, vestiu suas melhores roupas, transformando-se

Nunca desanimemos em razão das críticas, pois é geralmente por meio delas que encontramos motivos para melhorar ainda mais aquilo que estamos fazendo ou vamos fazer. Não obstante a crítica possa ser feita por qualquer um, a realização das grandes obras é conquista de poucos.

> *Diante da censura e da crítica, procuremos conter as emoções e aprendamos a observar suas razões e seus fundamentos. Porém, se não encontrarmos motivos justos, é bem possível que se trate de um cumprimento disfarçado que estamos recebendo.*

dos pés à cabeça, e prometeu a si mesmo melhorar sua linguagem e não usar gíria. Quando saiu para vender seus jornais, notou com surpresa que vendia mais e não passou muito tempo até que houvesse economizado bastante para ter uma banca de jornais.

A banca era muito limpa e o negócio começou a prosperar levando-o, em curto espaço de tempo, a abrir uma outra banca maior, e assim foi, de sucesso em sucesso, até que o antigo jornaleiro chegou a ser dono de uma das grandes lojas da cidade de Chicago...

Está aí um exemplo simples, mas fundamental para reflexão. Agora, perguntamos:

— Será que aquele menino teria sucesso em seu negócio se tivesse ficado maldizendo aquela mulher ou alguma situação parecida e continuasse com as lamentações pela vida afora tentando justificar o seu insucesso e o seu comportamento negativo?

Nós sabemos que não.

Na maioria das vezes, demoramos muito para reconhecer que estamos errados e que não vale a pena ficar serrando serragem.

Precisamos parar de criar problemas.

Diante de algum acontecimento desagradável do passado, perguntemos:

— Quem sabe se o que originou (segundo a nossa visão) esse acontecimento não foi um simples obstáculo que poderia ter sido superado com inteligência e autocontrole, mas que, pela irracionalidade, lamentação e revolta transformou-se em um problema?

Definitivamente, a lamentação é o mais cruel e implacável destruidor de nosso tempo. Não podemos

Ignorar críticas sem antes certificar-se dos fundamentos, é desperdiçar muitas vezes, boas idéias e, outras vezes, é recusar-se a reconhecer o próprio erro. Educar-se nesse sentido é aprender a nos relacionarmos com equilíbrio com os familiares e colegas de trabalho obtendo deles respeito e admiração.

O controle emocional, por meio da fiscalização dos pensamentos e atos, é um poderoso antídoto contra os obstáculos e problemas, mas é também um excelente instrumento que faz de um limão uma limonada.

viver lamentando o que aconteceu no passado: "há se eu tivesse agido assim", "há se eu tivesse agido assado", "se eu soubesse que isso ia acontecer", "por que eu não pensei nisso antes"... E assim seguem as recordações lamentosas.

Por certo aprendemos muito com os erros passados, mas a questão é que não podemos voltar atrás e corrigir o que já foi feito. Recomenda um velho provérbio que não devemos chorar pelo leite derramado. O que se pode e se deve fazer, nesse caso, com a experiência já adquirida, é evitar a repetição do erro. Eis a melhor atitude.

Evitemos piorar ainda mais os erros passados com lamentações e pensamentos de revolta. Em vez disso, colaboremos para minimizar as suas conseqüências e procuremos tirar proveito deles, pois, se assim soubermos agir, conseguiremos transformar o que foi um mal em um bem.

Entretanto, precisamos do controle emocional para usarmos a inteligência e aprendermos a extrair, do aparente mal, o benefício. Eis a solução.

Quando estivermos à frente de alguma dificuldade, ou mesmo recebendo uma crítica, não nos aborreçamos colocando em risco uma possível ajuda, que pode vir, se soubermos nos controlar e refletir. Lembremos do menino italiano vendedor de jornais que soube aproveitar o que parecia uma ofensa, em um alerta, em uma ajuda que pudesse despertá-lo para o sucesso de seu trabalho e para a melhor e mais saudável maneira de viver.

Aquela mulher, embora tenha usado palavras ásperas, ajudou o menino a reconhecer o porquê, talvez, de suas poucas vendas e outras coisas mais.

Quantas vezes algo parecido acontece em nossas vidas e por não

Às vezes, recebemos críticas, outras vezes, nos vemos no lugar de fazê-las. Quando isso acontecer, lembremo-nos que a crítica nos traça a obrigação de fazer melhor do que aquele que nós reprovamos e lembremo-nos também que ninguém gosta de ser criticado.

> *Quando nos preocupamos demasiadamente com um problema, geralmente, nos esquecemos de combatê-lo. Haja o que houver, a calma e o autocontrole é o primeiro passo a ser tomado. Não vale a pena sofrer por antecipação.*

estarmos atentos e por não controlarmos as emoções, acabamos perdendo grandes oportunidades que poderiam nos favorecer significativamente em muitos aspectos?

Aprendamos a verificar a origem de qualquer dificuldade à medida que ela surge.

Da mesma maneira, aprendamos a tirar proveito das críticas fundamentadas na razão, pois elas nos ajudam a melhorar, a crescer, a despertar para o erro e evitar, por assim dizer, um mal maior.

Temos convicção, baseados em fatos vividos por pessoas e também por diversas razões, de que o homem confiante em Deus e em suas próprias forças pode e consegue resolver, superar ou conviver resignadamente com qualquer tipo de problema que a vida lhe apresente.

Alguns problemas causam muito sofrimento, outros chegam a ser terríveis e parecem insuperáveis. Mas quando confiamos em Deus e temos a convicção de que qualquer problema tem solução, desencadeamos os recursos vitais de nosso ser e conseguimos seguir avançando, embora nos custe sacrifício e dor. O importante é seguir confiando e trabalhando de sol a sol.

O homem prudente e convicto num futuro melhor assegurado pelas leis que regem o Universo predispõe-se ao bem e ao belo e submete-se sempre à vontade divina, refletindo o pensamento do Cristo: "Seja feita a vontade de Deus".

A pessoa, firme em seus propósitos nobres, jamais atravessa a vida de joelhos arrastando-se sobre lamentações e acusações infundadas. Pelo contrário, enfrenta tudo com confiança, procurando estar sempre preparado para aproveitar as oportunidades no momento certo; tem

A melhor maneira de trabalharmos na superação ou resolução de um problema que consideramos difícil, é mantermos a confiança em Deus e nos movimentarmos trabalhando, pois, por pior que seja a dificuldade, há sempre solução.

Muitos dizem: é fácil dizer "não se preocupe com o problema". Entretanto, empregar este controle a si mesmo é muito difícil. Todavia, se lembrarmos que a solução e mesmo a superação de qualquer dificuldade dependem do autocontrole, tudo ficará mais fácil.

a certeza de que pode e conseguirá triunfar mais cedo ou mais tarde, pois sabe que tudo é uma questão de tempo e merecimento.

Para podermos extrair algo positivo e transformarmos situações desagradáveis, evitando problemas futuros, é fundamental exercitarmos a compreensão e a inteligência. A primeira é indispensável, a segunda é imprescindível. Só assim o pensamento pode fluir bem e detectar a possível solução.

Conter-se é Necessário...

No início, qualquer obstáculo ou problema difícil causa-nos sensações desagradáveis. Isso é natural. Contudo, precisamos conter as emoções para evitarmos a tensão nervosa que acaba gerando a preocupação aflitiva. E isso é um perigo.

Entretanto, à medida que vamos nos educando e exercitando as nossas capacidades de resolução e de auto-superação, somos impelidos a expressar tais desígnios; aí começamos a perceber que somos muito mais capazes — *quando nos colocamos em ação* — do que imaginávamos ser.

Inúmeros motivos temos para nunca ficarmos nervosos, tensos ou apreensivos, principalmente quando algo estiver acontecendo fora da normalidade. É justamente nessa ocasião que devemos esforçar-nos para nos contermos e lembrarmos do preço exorbitante que pagamos, em termos de saúde física e mental, além de outras conseqüências desastrosas que causamos na família, no trabalho, quando permanecemos sob tensão nervosa.

O prêmio do controle emocional é, sem sombra de dúvida, o bom resultado.

Na superação de problemas e dificuldades, bem como nas tomadas de decisões, é imprescindível o esforço em manter a tranqüilidade, o equilíbrio, o autocontrole, para que em primeiro lugar sejam dominadas as emoções. Caso contrário, pagamos um preço exorbitante pelo desequilíbrio.

Aprendamos a viver alegres e acreditemos em nossa força de transformação. Exercitemos o sorrir, pois quando estamos com o semblante fechado movimentamos sessenta e quatro músculos faciais e quando sorrimos usamos apenas quatorze.

O dr. Alexis Carrel, ganhador do prêmio Nobel de Medicina em 1912, declarou: "Aqueles que conservam a sua paz interior em meio ao tumulto da vida moderna estão imunizados contra as doenças nervosas".

Outra declaração significativa do dr. Carrel: "Os homens de negócio que não sabem combater as preocupações morrem jovens".

Reflitamos cuidadosamente sobre este assunto, perguntemos a nós mesmos se não estamos envolvidos em comportamentos negativos que causam infortúnios.

Indiscutivelmente, as tensões nervosas e o desequilíbrio emocional nos levam ao problema e não à solução.

Assim sendo, diante do *problema*, atentemos aos fatos. Evitemos lamúrias. Procuremos saber a origem, ou melhor, os possíveis motivos que o geraram. Se não os descobrirmos, não há problema. Continuemos com equilíbrio.

Há causas pretéritas que fogem à nossa percepção atual, mas de acordo com a justiça divina, pouco a pouco repararemos nossos erros através da multiplicidade existencial. Lembremos que Jesus nos avisou que nada passará sem que tudo possa ser cumprido. De que maneira o Criador aplicaria a sua Justiça a não ser esta? Portanto, nada se perde, nem fica em vão, tudo é devidamente arquivado pelas leis celestes.

Aprendamos a agradecer a Deus por ter nos confiado tais obstáculos, pois são eles que nos aprimoram as capacidades e nos desenvolvem a inteligência.

> **Usemos a inteligência. Procuremos estar sempre preparados e confiemos em Deus. Amanhã será outro dia.**

É Preciso aceitar, com compreensão, aquilo que não podemos mudar, pois muitas vezes estamos diante de bens sem o saber. Lembremos que os obstáculos que superamos e os problemas que procuramos resolver são convertidos em experiências valiosas para a nossa própria evolução.

Quarta Parte

O Poder da Oração

As Forças Complementares

Dispomos na oração do mais forte e benéfico mecanismo de intercâmbio com as esferas superiores, que nos fortalece para continuarmos lutando convictos de que não estamos sós. Pelas vias da oração entre a Terra e o Céu, adquirimos as forças complementares que nos auxiliam a balancear nossos pensamentos e atos do dia a dia.

Vivemos, é bem verdade, uma vida corrida, cheia de afazeres e responsabilidades. Precisamos nos fortalecer na oração simples e sincera de todos os dias como apoio indispensável ao nosso equilíbrio de vida.

A oração é uma força poderosa que o indivíduo tem ao seu dispor para fortalecê-lo na superação e resolução dos mais diversos problemas.

A oração é um momento sublime de ligação com as esferas da vida superior. É pelas vibrações do pensamento elevado que nos magnetizamos com as forças complementares que nos asseguram a paciência e a confiança.

Nos momentos de paz ou de aflição, de dúvida ou de certeza, é sempre necessário nos recolhermos aos poderes da oração para recompormos as energias e agradecer as oportunidades. Reconhecer os bens que nos são concedidos é uma bela oração.

Observemos alguns trechos significativos do nosso livro *Os benefícios do equilíbrio* a respeito da oração.

"...É nesse momento de elevação que nos é facultado que podemos atingir nossos objetivos com eficácia, bastando, para isso, simplicidade e convicção. As preces simples, sinceras e ardentes têm condições especiais, pois geralmente são feitas com espontaneidade, vindas do fundo do coração.

Quando se trata de um pedido, é preciso fé e compreensão, sobretudo na iniciativa de se ajudar a si mesmo, fazendo por merecer o que se pede, segundo a máxima: 'ajuda-te e o céu te ajudará'. Entretanto, nem tudo o que pedimos em prece nos pode ser concedido.

Portanto, a compreensão e a humildade é indispensável. Acontece o mesmo com o pai de família que, percebendo um pedido desnecessário e prejudicial de seu filho, não hesita em não atendê-lo, evitando, assim, um mal maior. Muitas vezes, o filho não compreende nem tampouco percebe o perigo em que pode envolver-se.

Por isso, sempre que formularmos os nossos pedidos é necessário a compreensão, sobretudo, a consciência das palavras do Cristo quando orou ao Criador: '...mas seja feita a tua vontade e não a minha vontade.'

O poder da oração aproxima a criatura do Criador e lhe abre os canais para o entendimento.

...É necessário praticarmos a prece com o sentimento maior; compreender e sentir com todo o nosso coração e que esse sentimento seja sincero, extraindo cada palavra da alma, procurando na simplicidade o objetivo maior da prece que é a ligação sublime com os céus".

Há muitas pessoas que, além de fazerem suas preces maquinalmente, fazem por dever ou até mes-

A prece simples e sincera tem poderes de transformar o que muitos consideram quase impossível em algo possível e conquistável. Mas a oração é, sobretudo, uma oportunidade de estarmos em contato com o Criador e seus auxiliares, para agradecer-lhes o concurso amoroso.

A oração, para alcançar o seu objetivo, deve ser feita com simplicidade e humildade, porém, com fervor d'alma. Precisamos adquirir o sentimento e a disciplina de fazermos nossas orações constantemente, não só nos momentos difíceis.

mo por costume; pensam, no entanto, que é pela quantidade de palavras e pelo número de vezes de repetições que são ouvidas. Entretanto, para orar é preciso compreender, sobretudo sentir de coração.

Para a oração alcançar o Alto, além de confiança, compreensão, humildade e equilíbrio, é indispensável um coração livre, tranqüilo, sem ressentimento e ódio. Foi o próprio Cristo que nos avisou: "E, quando estiverdes orando, se tendes alguma coisa contra alguém, perdoai...".

É preciso nos mantermos sempre em vigilância mental. Sabemos que o pensamento é o veículo da oração e o agente criador de nossos atos. Precisamos pensar bem e agir da mesma maneira, mas é fundamental insistirmos nisso. Por isso, não basta só orar (pensar), é imperioso vigiar (agir bem), exemplificando as palavras celestes: "Orai e vigiai...".

Alexis Carrel declarou: "Não há sentido em orar pela manhã, como um santo, e viver como um bárbaro o resto do dia".

Quando temos um objetivo ou estamos passando por uma dificuldade de qualquer natureza, não basta só orar pedindo ajuda do céu e depois ficar esperando... É preciso nos colocarmos em ação, buscando com determinação e vontade o caminho que nos conduzirá à superação e ao êxito...

Entretanto, é pela oração ardente e confiante, aliada ao trabalho e à vontade de querer fazer o melhor, que geramos uma poderosa força que nos permite realizar grandes maravilhas. Isso prova que o homem equilibrado emocionalmente e que mantém uma ligação sincera com Deus, agindo, trabalhando e confiando sempre no melhor, consegue-o de fato.

É comum, infelizmente, muitas pessoas só orarem quando estão precisando de algo, ou em dificuldade; esquecem-se, todavia, de agradecer as experiências que adquiriram com os obstáculos e problemas da vida. Aprendamos a louvar, pelo ato da oração, a divina providência.

Os momentos de prece são, para nós, atos preciosos e necessários; não a oração decorada, repetitiva e obrigatória, mas a de coração, a compreendida. A prece aproxima a criatura do Criador e, nesses momentos sublimes, podem, aí, emanar verdadeiros raios de luz.

A Oração ajuda a Resolver Problemas

O poder da oração desencadeia energias espirituais que reagem em nós e em torno de nós, facilitando a percepção e a transmissão de potências ocultas que nos ajudam muitíssimo nas resoluções dos problemas diários e reajusta os ânimos e proporcionam a tranqüilidade de que tanto necessitamos nos momentos mais difíceis.

William James disse que "a fé é uma das forças pelas quais os homens vivem, a sua ausência total significa colapso".

Eis que gostaria de contar ao amigo leitor a segunda história contida no curso de Paul J. Mejer que comentamos anteriormente. Ela retrata uma realidade comum ainda em nossos dias: a falta de confiança em Deus e em si mesmo.

...Já faz alguns anos, em Chicago, um editor de jornais chamou ao seu escritório um dos jovens repórteres e lhe disse que se não conseguisse mais notícias estaria despedido. Naquela noite, o jovem saiu do escritório com medo de perder seu emprego e decidiu embriagar-se, mas o fez de tal modo que perdeu os sentidos, caiu na sarjeta e lá ficou durante longo tempo. Enquanto permanecia neste lugar, percebeu que se abria a tampa do esgoto e que por ali saíam três pessoas. Uma vestida de príncipe, outra com traje de rei e a outra vestida de princesa. Sua primeira impressão foi que estava sofrendo alucinações, no entanto, conseguiu levantar-se e chegar a casa.

Na manhã seguinte, desceu as escadas, foi à esquina mais próxima e comprou um dos jornais da manhã. Com manchetes de oito colunas este matutino noticiava o grande incêndio do Teatro de Chicago na noite anterior. As três pessoas estranhamente vestidas, que ele havia

Lembremos o filósofo e doutor em medicina William James: "A fé é uma das forças pelas quais os homens vivem; a sua ausência total significa colapso". Precisamos estar sempre ligados aos poderes da oração pela convicção de que nunca estamos sós em qualquer dificuldade.

O homem, a despeito da correria do dia-a-dia, descuida do contato elevado com Deus através da oração diária, não percebe que caminha sem um suporte que lhe assegure o equilíbrio espiritual. Não descuidemos das forças complementares.

visto sair pelo buraco do esgoto, não eram, pois, alucinações, mas sim seres humanos, reais.

O que havia acontecido era que um incêndio se iniciara no teatro. Três atores que deveriam tomar parte na peça encontravam-se no sótão quando as chamas começaram a devorar o edifício. Compreendendo que não poderiam sair pelas vias normais, procuraram outro caminho para se salvar. Encontraram uma porta fechada que abriram e, com surpresa e alegria, verificaram que aquela porta terminava numa passagem que dava acesso aos grandes tubos de esgoto.

Naturalmente, os atores que haviam ficado presos no sótão do teatro caminharam pelos tubos até encontrar a tampa que os levou à rua...

Esta narrativa tem duplo objetivo:

Primeiro: mostrar que o jovem repórter se deu facilmente por vencido e, apesar de estar praticamente a "um metro" da grande notícia, seu estado impediu que a percebesse; não recorreu ao poder da oração para adquirir as forças complementares que necessitava para acalmar-se e, depois, tomar uma decisão acertada que o levasse, pela determinação, a resolver aquele suposto problema.

Segundo: mostrar que, assim como os três atores encontraram a forma de escapar do teatro, enquanto este era consumido pelas chamas, nós podemos, com a oração em conjunto com o controle emocional, encontrar sempre, por mais difícil que nos pareça a situação, a saída no momento certo.

Muitas pessoas, por descuidarem de tal força revigorante, desistem das metas, dos propósitos nobres e até se desesperam; colocam a vida profissional, familiar e pessoal em perigo, não por falta de capacidade ou de educação, mas por não darem importância aos recursos vitais que advêm da oração.

> *O dr. Alexis Carrel, ganhador do Prêmio Nobel, disse que a prece é a mais poderosa forma de energia que podemos gerar. Só o fato de pedirmos faz com que as nossas deficiências humanas sejam atenuadas e que nos sintamos fortalecidos e refeitos.*

A Oração é Muito Mais...

A energia que conseguimos gerar por intermédio da prece e da oração é em razão do poder do pensamento e da vontade. É através da oração fervorosa que atraímos os recursos do Alto que nos inspira com boas idéias e com pensamentos de resoluções.

Somos seres vinculados uns aos outros e nos influenciamos reciprocamente pelos pensamentos; estamos ligados à natureza divina e precisamos estar sempre sintonizados com ela a fim de podermos adquirir as forças complementares que nos permitem agir equilibradamente.

Deus, cuja sabedoria infinita envolve todas as coisas, conhece profundamente a natureza de cada criatura; o homem, de acordo com suas tendências e impulsos, facilita ou dificulta a ação da providência. Mas todos receberão, de uma forma ou de outra, a misericórdia divina.

Quando tudo corre bem e não estamos passando nenhuma dificuldade, raramente atentamos para o momento do recolhimento interior para elevarmos os nossos pensamentos em agradecimento e louvor.

Não poucas vezes, julgamo-nos suficientemente capazes de tudo. Entretanto, não nos esqueçamos de que nada acontece sem a vontade de Deus.

Um grande amigo, tem toda a razão ao dizer que infelizmente somos movidos a dor. A desatenção com as necessidades da alma leva à insensibilidade e, conseqüentemente, ao individualismo.

Não podemos orar tão somente quando estamos em dificuldades ou quando queremos algo de nosso interesse. Não! Não é só isso. A oração é muito mais...

Em qualquer circunstância, seja no sucesso ou no fracasso, na alegria ou na dor, entre amigos ou opositores, lembremo-nos da oração que recompõe, mas aprendamos a agradecer, a orar em favor dos outros, e peçamos paz.

Recorramos sempre aos poderes da oração.

A oração é a transmissão do pensamento. Por ela, nos ligamos ao poder divino e nos assemelhamos a um pequeno espelho que reflete os raios do sol. Que esses raios não sejam só em nossa direção, mas que possamos dirigi-los ao encontro dos menos felizes e daqueles que amamos.

Não peçamos a Deus que afaste os obstáculos de nós, nem os problemas do nosso caminho, pois se isso acontecesse, que mérito teríamos? Peçamos, sim, na oração, os meios pelos quais possamos enfrentá-los, fazendo valer a máxima: "Ajuda-te e o céu te ajudará".

A nossa limitada percepção dos acontecimentos inesperados ou inevitáveis, ou ainda que consideramos maus, não nos permite enxergar além da própria dor. Muitas vezes, o que interpretamos como um mal não o é.

Abstenhamo-nos dos julgamentos precipitados de situações ou acontecimentos de que não conhecemos as causas.

Aprendamos a observar melhor as coisas e a desenvolver a paciência através do controle emocional, buscando sempre o momento de recolhimento interior para nos ligarmos com o Bem e com o Belo.

Mahatma Gandhi (1868-1948), considerado o maior líder da Índia, disse: "Sem as minhas preces, há muito tempo já teria sido um lunático". Isso nos demonstra que todos nós, independentemente da condição que tenhamos no momento, necessitamos da oração para nos fortalecer na luta diária a caminho de um mundo melhor.

Conhecemos um homem que nos deu um grande testemunho do poder da oração no fortalecimento de nossas energias. Há quase dezoito anos, encontramos numa das ruas mais movimentadas do centro de São Paulo, a conhecida rua Direita, o senhor Bruno, homem disposto, determinado e trabalhador. Naquela ocasião, ele já devia ter mais de cinqüenta e cinco anos e estava desempregado. Era casado e tinha três filhos que ainda dependiam de seu apoio financeiro.

São Paulo tinha amanhecido com uma chuva fina e caminhávamos sob a proteção de um guarda-chuva. Eu mais tentava controlá-lo para não esbarrar nos que iam e vinham naquela rua movimentadíssima do que ele nos protegia da garoa, quando, de repente, deparamos com o senhor Bruno.

A pessoa que confia na justiça divina e se mantém ligada pela oração ao Alto jamais carrega o seu fardo sozinha; por mais pesado que ele seja, ela sempre tem a ajuda complementar que a torna cada vez mais forte e confiante. Sabe que sua vitória será proporcional à sua coragem e fé.

Existem pessoas que contestam os poderes da oração alegando que Deus conhece as nossas necessidades e, por isso, ela não tem razão de ser. E dizem: "Não se pode mudar o destino". Bem, se assim fosse, o homem seria apenas um mero instrumento sem inteligência e sem livre-arbítrio.

Ele trajava um paletó verde e gravata quase da mesma cor, e costumava brincar dizendo:

— Não ligo para a cor, só tenho que tomar cuidado com os cavalos da polícia, pois eles podem me confundir com uma moita de capim.

Foi então que perguntamos primeiro:

— Senhor Bruno, que prazer encontrá-lo! Como vão indo as coisas?

E ele foi logo respondendo com a alegria e o entusiasmo de sempre:

— Ah, eu vou indo muito bem. Bem mesmo, Ricardo. Graças a Deus, estou com saúde, minha esposa e meus filhos estão todos bem. Sabe, não tenho do que me queixar. É verdade que a empresa em que trabalhava fechou já há alguns meses e continuo desempregado, mas, como eu, existem muitas pessoas. Não devo reclamar, você não acha? Todas as manhãs, antes de sair de casa, preparo-me para encontrar um emprego, agradeço a Deus por tudo que tenho e venho aqui para a cidade e fico rodando, rodando...

E, ao mesmo tempo que falava, ia sorrindo.

Dava para sentir seu magnetismo transbordante de vibrações salutares. Era alegre e predisposto às forças revigorantes.

Enquanto ele falava, perguntamos:

— Senhor Bruno, admiramos muito sua alegria e disposição em continuar lutando. Tem alguma receita para isto, ou o senhor já nasceu assim? Concluímos brincando.

Ele olhou-nos firmemente e respondeu:

— Ah, você sabe que não existem regras nem receitas, tampouco nasci assim. O que tenho é convicção de que tudo tem uma razão de ser. Habituei-me a fazer minhas orações todas as noites e todas as manhãs como meu velho pai me ensinou.

Contestar os valores da oração na transformação e fortalecimento do ser é o mesmo que contestar as palavras do Cristo: "Pedi e dar-se-vos-á; buscai e achareis; batei e abrir-se-vos-á". O homem que não acredita nos poderes da oração desconhece Deus e não crê em Sua bondade.

Efetivamente, a oração é para nós um meio indispensável de intercâmbio com as esferas superiores da vida, por assim dizer, a lubrificação da engrenagem interior do espírito criado por Deus. Jamais esqueçamos disso, e, em qualquer circunstância, recorramos à oração.

Agradeço tudo que tenho e peço forças para continuar lutando.

E completou:

— Sabe, filho, venho me preparando todos os dias. Rogo aos céus, em minhas orações, a força para trabalhar e servir. A minha família precisa de mim. Estou certo de que em algum lugar nesta grande e generosa cidade um emprego está me esperando. Tenho certeza disso!

E, dessa maneira, bateu, carinhosamente com a mão em nosso ombro e foi se despedindo com um carinhoso desejo:

— Fiquem com Deus. Até breve!

E foi se afastando por entre aquela multidão.

Depois de alguns meses, encontrei um amigo que também o conhecia e que me deu uma ótima notícia. Contou-me que um dos sócios da empresa em que o sr. Bruno tinha trabalhado convidou-o a gerenciar um novo negócio.

Após muito trabalho e dedicação, o senhor Bruno desenvolveu um produto que se tornou um sucesso de vendas.

Nunca mais esqueceremos o entusiasmo e a alegria daquele homem.

Assim, caríssimo leitor, temos motivos de sobra para não nos esquecermos jamais de recorrer ao poder da oração.

> QUANDO ORAMOS, LIGAMO-NOS AO INEXAURÍVEL PODER DE DEUS. E DISSE JESUS: "PEDI E DAR-SE-VOS-Á; BUSCAI E ACHAREIS; BATEI E ABRIR-SE-VOS-Á".
> E NENHUM PROBLEMA RESISTE ÀS FORÇAS COMPLEMENTARES...

A maior vitória de um homem é vencer as barreiras interiores que o impedem de encontrar a fonte geradora de energias que Deus colocou nas profundezas de seu ser: os recursos inesgotáveis que nos garantem a superação dos obstáculos e a nossa ascensão até Ele.

QUINTA PARTE

A Força Interior

5
SOMOS CAPAZES DE VENCER E SUPERAR

Quando estava escrevendo este livro, achei um pequeno pedaço de papel datilografado preso por um clip em uma pasta de cartolina plastificada, onde costumo arquivar papéis com anotações.

Naquele papel, lia-se:

Dois homens olharam através das grades da prisão.

Um viu a lama, o outro as estrelas.

Diante desta sentença muitos dirão: Mas de que maneira conseguiremos enxergar as estrelas quando tudo nos parece nebuloso?

Bem, está aí a grande diferença entre aquele que aprendeu a ver o lado positivo de tudo e consegue usar a inteligência para aprender a lição, e o que não enxerga outra coisa a não ser o fracasso. E diz: "Estou

Tirar o máximo do mínimo e enriquecer as experiências com as dificuldades do caminho é exercer a dinâmica do controle emocional. É lembrar e fazer valer as palavras de Jesus quando disse: "...podeis fazer o que faço e muito mais".

> *Quando estivermos passando por uma dificuldade de qualquer natureza, não nos queixemos por isso. Aprendamos a tirar proveito dela, pois as melhores coisas são sempre as mais difíceis.*

arruinado, está tudo acabado". Ou: "Não tem mais jeito, o destino quis assim, nunca tive sorte mesmo".

Infelizmente, muitas pessoas, por se acostumarem ao negativismo, à idéia do fracasso e por irrefletidamente insistirem em achar que tudo e todos são culpados pelos seus insucessos, acabam desperdiçando as horas com lamentações infundadas que as levam ao desequilíbrio e a uma grande perda de tempo. Essas pessoas tornam-se criadoras de problemas em potencial.

Lembremos sempre que o nosso tempo é precioso demais para ser desperdiçado, ele é o mecanismo da evolução.

Sabemos que as lamentações nos destroem, além de não solucionarem absolutamente nada. Pelo contrário...

Somos seres capazes de vencer e superar qualquer problema, inclusive o de condicionamento mental. Todavia, é preciso tomar consciência de que isso é possível de fato.

O Outro Lado da Situação

Se, por um lado, sofremos com as conseqüências dolorosas de atitudes impensadas, por outro lado, estas experiências podem muito bem nos aprimorar e nos ajudar a errar menos.

Henry Ford disse que "um cuidadoso exame de todas as nossas experiências passadas pode nos revelar o fato surpreendente de que tudo o que nos aconteceu foi para o nosso bem".

Já Charles Darwin, cientista inglês, declarou: "Se eu não tivesse sido um inválido tão grande, não teria produzido tal quantidade de trabalho como produzi".

Tudo na vida tem os seus dois lados: o positivo e o negativo, como o das estrelas e o da lama. Se procurarmos o positivo, nos beneficiaremos; se olharmos as estrelas, vê-las-emos brilhar, mas se buscarmos o lado negativo (ou o da lama), acabaremos nos afetando. E tudo é uma questão de livre escolha.

Se percebermos que estamos pensando em algo negativo, tratemos rapidamente de mudar a nossa atitude mental e recolhamo-nos em oração, mas lembremos de vigiar sempre para não sermos enganados pela desatenção interior.

Temos uma grande capacidade de superar as mais diversas dificuldades. A questão é preparar-nos para desenvolver, pelos princípios que estudamos, o controle emocional.

Em nosso livro, *Os benefícios do equilíbrio*, observamos também este desenvolvimento fundamental que gostaríamos de lembrar, aqui:

"...Procuremos ver as coisas pelo seu lado positivo, buscando o melhor e o proveito que, de certa forma, todas elas têm; mesmo porque podemos e devemos tirar proveito das situações que, à primeira vista, são difíceis".

É muito benéfico sempre nos questionarmos, fazendo-nos algumas perguntas:

— Que vantagens tem o negativismo?

— Que benefícios podemos obter sendo pessimistas?

— Por acaso, vamos melhorar as coisas tendo idéias negativas?

— Não será melhor ficarmos calados em vez de nos lastimarmos?

— Que imagem tem e gera o pessimista?...

Certa vez, o escritor Décio Valente nos disse que "quando o homem se torna pessimista, chega a considerar o sol apenas como um fazedor de sombras".

À primeira vista, esta declaração parece um tanto exagerada, mas não é.

Infelizmente, ainda muita gente diz que a realidade é outra... No entanto, esquece-se de que quem faz, na verdade, a *realidade* somos nós mesmos.

Somos senhores de nossos sucessos ou de nossos fracassos. Por isso, nunca permitamos que o nosso potencial interior definhe. Tudo de que precisamos é parar de pensar

Ninguém jamais conseguirá manter domínio sobre suas emoções em meio a lamentações e pensamentos negativos, pois o negativismo é fonte produtora de energias maléficas. Quem conserva pensamentos otimistas em quaisquer circunstâncias torna-se receptivo às boas coisas.

O pensamento é criador, entretanto obedece ao comando de nossa inteligência. Ele é o nosso veículo e nós os seus condutores. Podemos dirigi-lo para onde desejarmos. Assim sendo, procuremos dirigi-lo sempre com equilíbrio para que o bom objetivo seja alcançado.

e de agir negativamente, parar, definitivamente, de olhar o lado ruim das coisas e das pessoas. Em vez disso, adotemos uma atitude mental positiva, elevada e confiante, mesmo que estejamos passando por dificuldades, pois é dessa maneira que nos predispomos às boas decisões, e, coerentemente, às boas soluções, que é o que buscamos.

Quando a vida nos oferecer um limão, aprendamos a fazer dele uma limonada.

Toda dificuldade tem seu ponto positivo, e por incrível que nos pareça, vale a pena procurá-lo. Com isso, estaremos colaborando para que o melhor venha a acontecer.

Sabemos que, quando pensamos e falamos, emitimos forças magnéticas, positivas ou negativas. Logo, somos responsáveis diretos pelos resultados que virão. Devemos nos esforçar para mantermos um controle de nossos pensamentos e atos; devemos ter e manter uma disciplina mental e emocional porquanto é esta a condição, e não outra, de nosso equilíbrio interior. Mais ainda: é a condição que nos garante sempre as boas resoluções.

...Uma Diferença que faz a Diferença

Se ficarmos procurando imperfeições nas coisas e situações, bem como nas pessoas, iremos certamente encontrá-las. É o mesmo que criar problemas. E isso não nos interessa. Nada é completamente perfeito, só Deus. Devemos aprender a olhar as estrelas e ver, nas pessoas, seres humanos iguais a nós, com as mesmas

A mente em equilíbrio, que é produtora de energias salutares que são distribuídas por todo o organismo físico, tem condições de substituir moléculas malsãs por moléculas sãs. E mais: quem cultiva bons pensamentos acaba imunizando-se contra as tensões nervosas.

Não há verdadeiro progresso onde não há solidariedade, onde não existe amizade nem respeito mútuo. O homem que busca o equilíbrio de sua vida não pode esquecer-se jamais de que uma andorinha não faz verão, pois ninguém poderá sentir a felicidade sem dividi-la com o próximo.

necessidades; somos filhos de um mesmo Pai e estamos todos aprendendo. Fazemos parte de um conjunto onde todos precisam de todos.

Educar-se nesse sentido é fortalecer-se cada vez mais, é estar preparado para qualquer tipo de circunstância e dela tirar benefícios. É fazer amigos e não adversários.

Mesmo assim, muitas pessoas se perguntam:

— Como podemos ser otimistas quando tudo vai mal?

— Como fazer amigos se as pessoas não nos dão oportunidades para que isso aconteça?

— Como esperar o melhor diante de um quadro negativo?

Ser otimista e tranqüilo quando as coisas vão indo bem é fácil e qualquer um pode ser; demonstrar sentimento fraterno com quem gosta de nós é também fácil; todavia, manter-se calmo, confiante e firme no trabalho a realizar, sem lamentações nem desculpas, procurando aproveitar para reunir experiências com as adversidades da vida e procurar manter um sentimento sincero de fraternidade respeitando as idéias e as vontades de todos, é que mostra o uso das forças da inteligência e da confiança na Paternidade de Deus, onde todos têm os mesmos direitos e deveres. Eis aí: a diferença que faz a diferença.

A Força do Conhecimento e da Decisão

O cientista Linus Carl Pauling, ganhador do Prêmio Nobel de Química em 1954 e do Prêmio Nobel da Paz em 1962, pronunciou palavras significativas em um discurso no dia 14 de abril de 1984, na Sociedade Americana de Química:

Assim como muitos problemas na vida podem ser resolvidos apenas com algumas mudanças de comportamentos, a solução ou a superação de algumas dificuldades está em razão da transformação mental e emocional, no fortalecimento do nosso "eu" interior.

Freqüentemente nos deparamos com situações adversas exigindo-nos o sentimento de solidariedade e compreensão. E, não poucas vezes, acabamos, pela desatenção, deixando escapar a oportunidade que nos felicita a alma. Hoje, colocamo-nos no lugar de servir, amanhã quem sabe...

"A natureza do mundo de amanhã dependerá do que fazemos hoje(...) Os dois fatores que determinarão a natureza do mundo do futuro são o conhecimento que possuímos e as decisões que tomamos quanto à sua utilização." (Conhecer Universal-Abril Cultural)

Linus Pauling, esse brilhante cientista, demonstrou o seu profundo amor pela ciência e, principalmente, pela Humanidade. Certamente, o dr. Pauling passou por grandes dificuldades e impedimentos, entretanto seguiu firme com seus propósitos científicos e humanistas.

Um exemplo de perseverança, convicção e coragem para realizar um trabalho nobre que supera todos os obstáculos.

O nosso futuro depende do agora, do hoje; os nossos conhecimentos vão, a cada dia, fortalecendo-se à medida que os vamos empregando nas decisões acertadas, em uma postura nova, sadia e positiva em todas as circunstâncias da vida.

É assim, caro leitor, que devemos agir. Nada, absolutamente nada, pode mudar, melhorar, ser resolvido ou superado sem que haja perseverança, luta, pensamentos inteligentes e equilibrados.

Para podermos desenvolver as forças interiores e manter um domínio sobre as nossas ações, evitando problemas, aborrecimentos, criando uma situação positiva de relacionamento entre as pessoas, oferecendo a elas o nosso sentimento amigo e o recebendo reciprocamente, precisamos infundir em nossas mentes, em nosso modo de ver, de sentir e de viver, o estado equilibrado de convivência social, o respeito pelos nossos semelhantes, aceitando-os tais como são. Esta é a prática da fraternidade em sua es-

"Conhece-te a ti mesmo", frase tantas vezes ouvida e tão pouco seguida em sua plenitude. Procuramos todos nós o aprimoramento interior, porém falhamos com freqüência não por falta de conhecimento ou de educação, mas por omissão. Lembremos que o conhecimento sem a ação é árvore improdutiva...

Não há como escapar dos efeitos da causa. Se emitimos pensamentos e sentimentos bons, receberemos outros de volta. E esta é a lei. Tudo obedece a uma harmoniosa sincronia da grande lei de ação e reação. Procuremos sempre oferecer bons pensamentos para não sofrermos depois.

sência, pois necessitamos uns dos outros. Ninguém conseguirá exercer domínio sobre si mesmo se não conseguir conviver fraternalmente com seus semelhantes, se não respeitar nos outros os seus direitos e as suas idéias, sem exigir-lhes perfeição, pois sabemos que ninguém é perfeito.

Isso quer dizer, também, que devemos aprender a enfrentar as nossas responsabilidades sem procurar fugir delas, sem colocar a culpa de nossos problemas nos outros ou em circunstâncias fora do nosso controle.

Não há problema maior que a falta de confiança em si mesmo, em Deus e no progresso da Humanidade.

Perguntemos:

— Como podemos enfrentar as situações difíceis na vida e tomar decisões acertadas procurando esquivar-se delas, colocando a culpa nas outras pessoas?

Se estivermos agindo dessa maneira, a cada obstáculo procurando uma razão para culpar alguém, então temos um problema. E esse problema, com certeza, vai gerar muitos outros.

Dessa forma, é importante uma observação em torno do assunto. Procuremos analisar o nosso comportamento. É fundamental esta atenção em relação à maneira como agimos e reagimos.

Quando Jesus nos aconselhou dizendo: "Orai e vigiai", com certeza, Ele não se referia aos outros, não! Naturalmente, Cristo quis chamar a atenção para a necessidade da oração, mas também para que tivéssemos uma vigilância contínua sobre os *nossos* atos, *os nossos*, e os dos outros: em outras palavras, fortalecer os pensamentos através das forças complementares e fiscalizar os procedimentos para não haver desarmonia. O controle do pensamento

A melhor maneira de receber colaboração é colaborar. Não existe receita melhor e mais eficaz para a conquista de boas amizades do que sermos amigos fraternos. Quem oferece amor fraternal não se preocupa com a ingratidão, pois sabe que tudo passa, tudo se renova...

Qualquer mudança de hábito requer esforço, determinação e muita vontade. Quando sabemos que possuímos uma conduta errada, a primeira atitude a ser tomada é substituí-la por uma conduta correta, pois não nos esqueçamos de que esta tarefa só depende de nós.

implica vigilância simultânea das *próprias* ações.

Cultivemos uma atitude mental positiva e evitaremos o desperdício do nosso valiosíssimo tesouro: o tempo.

Os Nossos Sentimentos nos Acompanham...

Há uma história popular do Oriente Próximo que conta a chegada de um jovem a um oásis junto a um povoado. O jovem aproximou-se de um ancião e perguntou:

— Que tipo de pessoa vive neste lugar?

— Que tipo de pessoa (perguntou o ancião) vive no lugar de onde você vem?

E o jovem respondeu:

— Oh, um grupo de egoístas e maldosos. Fiquei muito contente em ter saído de lá.

Ao que o ancião replicou:

— A mesma coisa você encontrará por aqui.

Ainda no mesmo dia, um outro jovem se acercou do oásis para beber água e, vendo o velho, perguntou-lhe:

— Que espécie de pessoa vive neste lugar?

O ancião respondeu com a mesma pergunta:

— Que espécie de pessoa vive no lugar de onde você vem?

O rapaz respondeu:

— Ah, de onde eu venho existem pessoas encantadoras, hospitaleiras e amigas de verdade. Não posso dizer que estou satisfeito de tê-las deixado.

E o velho respondeu:

— O mesmo encontrará neste lugar.

Um homem que havia acompanhado as perguntas e respostas dos rapazes com o ancião, perguntou, admirado:

Todos nós, seres humanos, precisamos uns dos outros para progredir moral e espiritualmente. Por isso, básico é saber oferecer cooperação a fim de receber cooperação, lembrando que na vida ninguém realiza nada sozinho. O próprio Cristo recebeu cooperação de seus apóstolos na divulgação de Sua Obra redentora.

Precisamos mudar o nosso modo de ver, de sentir e de viver. A motivação e a transformação interior é algo indispensável para seguirmos em direção ao bem-estar e à superação dos obstáculos comuns, sempre motivados e convictos de que vamos triunfar.

— Como pode o senhor dar respostas tão diferentes à mesma pergunta?

E, calmamente, o velho sábio respondeu:

— Cada um carrega no seu coração o meio ambiente em que vive. Aquele que nada encontrou de bom nos lugares por onde passou, não poderá encontrar outra coisa por aqui. Aquele que encontrou amigos ali, também os encontrará aqui, porque, na verdade, a nossa atitude mental é a única coisa na vida sobre a qual podemos manter controle.

Isso quer dizer que os nossos sentimentos nos acompanham sempre.

A felicidade de todo homem, disse Abraham Lincoln, está no desejo de ser feliz. E quem deseja ser feliz, procura viver bem com todos, independentemente do ponto de vista que cada um tem. Não existe felicidade em detrimento do próximo.

Entretanto, ao contrário do que muita gente pensa, a felicidade não se acha, conquista-se pela transformação moral.

Uma grande barreira que impede a conquista da paz e da felicidade interior, causadora do desânimo, é, sem sombra de dúvida, a do pensamento negativo.

Por que? Ora, o pensamento negativo é responsável direto pela incompreensão e a incompreensão é um dos maiores problemas que atinge muitos de nós.

Observemos:

Se estivermos cultivando pensamentos ruins (e não é necessário relacioná-los aqui) em nossa mente, sabendo-se que o pensamento é, além de energia de repulsa e de propulsão, energia de atração, estaremos nos impregnando de sentimentos negativos que passam a nos acompanhar.

Nunca permitamos que a nossa força interior definhe com idéias

Procuremos meditar sempre em assuntos elevados e, pouco a pouco, nos magnetizemos com as qualidades de nossos pensamentos. É por isso que a oração sincera e ardente tem poderes para nos ligar às forças espirituais que nos renovam o ânimo e nos conduzem à superação de qualquer obstáculo.

Todo homem que acredita em si mesmo e no Criador sabe que qualquer dificuldade na jornada evolutiva deve e pode ser vencida, pois ele sabe que é capaz de fazer tudo aquilo que acredita poder fazer.

negativas. Há, invariavelmente, grandes correntes com poderosas forças ocultas em nós; possuímos os recursos vitais que são desenvolvidos pelos poderes do pensamento equilibrado.

Para isso, caríssimo leitor, é necessário cultivarmos uma atitude mental positiva em relação a nós mesmos e aos outros, fazendo sempre o melhor, e confiarmos na bondade de Deus que nos assegura os meios pelos quais superaremos qualquer, *isso mesmo*, qualquer dificuldade que surja no caminho.

Acreditemos em nossa força interior e sigamos convictos à luta, pois, definitivamente, não há obstáculo que não possa ser superado, nem problema que não possa ser vencido pelo homem que sabe, crê e quer vencer.

> **PROCUREMOS TIRAR O MÁXIMO DO MÍNIMO E NOS PREPAREMOS PARA UMA VIDA MELHOR.**

Uma palavra ao leitor

Acreditamos firmemente que estamos mais fortes e atentos em relação aos *problemas,* os professores de nossa evolução, se é que os podemos chamar assim.

É verdade que os obstáculos continuam a existir, mas isso faz parte do nosso próprio aperfeiçoamento; contudo em ordem decrescente, uma vez que estamos cada vez mais preparados para superá-los. Quanto a isso, não temos nenhuma dúvida.

Talvez não venhamos a nos conhecer pessoalmente, mas por meio deste livro nos tornamos amigos de verdade. Ele tem, com toda certeza, o meu carinho e gratidão a Deus e a você por estarmos juntos compartilhando a transformação do nosso "eu" interior.

Assim, continuemos a nossa tarefa, confiando em Deus e em nós mesmos; façamos a nossa parte e, em qualquer circunstância, jamais nos esqueçamos de que Há Sempre Solução.

Ricardo Magalhães

Conheça outros livros do Autor...

VOCÊ É ESPECIAL

Traz frases e mensagens de motivação e reflexão. "Não é um livro para ser lido rapidamente e sim para ser refletido com calma e tê-lo sempre à mão", explica o autor. "A idéia é consultá-lo em momentos oportunos, como apoio e orientação", completa. Entre uma mensagem e outra, os leitores poderão observar ilustrações pictografadas e cedidas pela médium Valdelice Salum. Todas as imagens são reproduções das pinturas mediúnicas assinadas pelos grandes mestres da pintura como Monet, Picasso e Renoir, entre outros.

OS DOIS LADOS DO SUCESSO E DA FELICIDADE

Apresenta a cada página uma mensagem clara e objetiva de como proceder em determinadas situações da vida. O livro pode ser lido de várias formas. Os textos são dispostos dos dois lados, de modo que o leitor pode abri-lo à sorte, e então escolher o trecho que achar conveniente. Nas palavras do autor "é um pequeno livro que contém conceitos simples, mas de inestimável valor, que o auxiliará no dia-a-dia de maneira positiva e acertada em direção ao equilíbrio de sua vida".

REVOLUÇÃO DAS MUDANÇAS

Um projeto em conjunto dos autores Ricardo Magalhães e Vinícius Guarnieri que traz ao leitor noções de como crescer profissionalmente, de maneira a investir em si mesmo e saber também como chegar ao autoconhecimento. São abordados temas como o equilíbrio e a correta administração das emoções de um profissional que tem como objetivo atingir o sucesso duradouro em sua vida. Diferente dos livros de auto-ajuda em negócios, *Revolução das Mudanças* trata o profissional como ser humano que tende a pensar o sucesso de maneira equivocada. Como agir para manter o objetivo alcançado? Quais são os reais benefícios que o sucesso pode trazer? Pensar no sucesso de maneira consciente, sem tropeços no caminho: essa é a revolução proposta pelos autores.

ACREDITE EM SEUS SONHOS

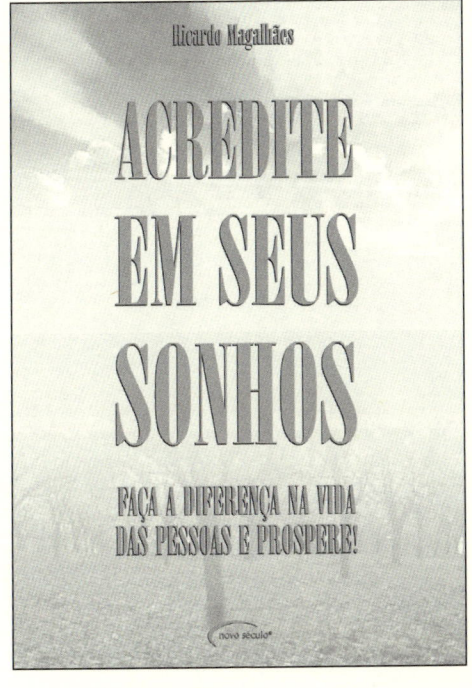

Tem por objetivo maior, mostrar o porquê você deve acreditar em seus sonhos. Relata casos verídicos de como muitas pessoas conseguiram vencer suas dificuldades, transformando, o que era apenas um sonho, em uma realidade. Eis aqui, um inesquecível livro que, com certeza, o ajudará a ser uma pessoa mais forte e feliz. Acredite em seus sonhos e faça a diferença na vida das pessoas.

INFORMAÇÕES SOBRE NOSSAS PUBLICAÇÕES E ÚLTIMOS LANÇAMENTOS

Visite nosso site:
www.novoseculo.com.br

NOVO SÉCULO EDITORA
Av. Aurora Soares Barbosa, 405
Vila Campesina - Osasco/SP
CEP 06023-010
Tel.: (11) 3699-7107
Fax: (11) 3699-7323

e-mail: atendimento@novoseculo.com.br

Ficha Técnica

Formato 14x21
Mancha 10,6 x 17cm
Tipologia: ClassGarmond BT
Corpo 13
Entrelinha 17
Total de páginas: 128